La véritable manière de secourir le pauvre est
de le mettre en état de se passer de secours.

Paris
...DES IMPRIMEURS-UNIS, QUAI MALAQUAIS, 15.
AMYOT, RUE DE LA PAIX, 6.
1846

Ic 8

RAPPORT MÉDICAL

SUR LA

CRÈCHE S.-PIERRE-DE-CHAILLOT

Paris. — Imprimerie de GUIRAUDET et JOUAUST, rue Saint-Honoré, 315.

RAPPORT MÉDICAL

SUR LA

CRÈCHE S.-PIERRE-DE-CHAILLOT

La véritable manière de secourir le pauvre est
de le mettre en état de se passer de secours.

Paris,
COMPTOIR DES IMPRIMEURS-UNIS, QUAI MALAQUAIS, 15.
AMYOT, RUE DE LA PAIX, 6.
1846

RAPPORT MÉDICAL

SUR LA

CRÈCHE DE S.-PIERRE-DE-CHAILLOT.

> La véritable manière de secourir le pauvre est de le mettre en état de se passer de secours.

Dans le beau quartier des Champs-Elysées il existe un endroit appelé *Bouquet-des-Champs*. C'était jadis un hameau situé près du village de Chaillot, au milieu d'une vaste plaine qui s'étendait depuis le Roule et les Thernes jusqu'à Passy. Quelques arbres placés près de là, au milieu de champs fertiles, avaient fait donner au hameau cette désignation toute champêtre, que le quartier a conservée. Là, les habitants trouvaient alors, dans un air pur, dans le travail et les bonnes mœurs, les conditions du bien-être, de la vigueur et de la santé.

Les diverses enceintes de Paris, s'étendant toujours, comme les cercles que l'on voit se succéder en grandissant sur l'onde qu'on agite, enveloppèrent un jour le hameau, et le village devint faubourg. Dès lors cette population de classe infime, qui semble fuir les quartiers sains, les quartiers embellis, et fuit surtout la surveillance, s'empara de la chaumière, et la meubla de sa malpropreté, de ses vices et de sa misère. Aujourd'hui le *Bouquet-des-Champs* est un assemblage de masures que traverse une rue étroite et tortueuse, encombrée d'ordures de toute espèce, et qui affectent à la fois tous les sens de sensations désagréables. Dans cette rue reniée par l'administration municipale, qui lui a refusé le baptême, quelques maisons sont sans portes ou sans fenêtres ; d'autres ont des chambres placées au dessous du niveau du sol, où l'air se renouvelle à peine, et où de sales carreaux laissent pénétrer quelques rayons d'un jour douteux. Là les habitants, en rapport avec la demeure, sont presque tous chiffonniers ; accroupis autour du sale produit de leurs rondes nocturnes, ils comptent pendant le jour combien il faut d'immondices pour faire une pièce de 30 sous, et entassent dans tous les coins de leurs hideux galetas, et jusque sous leurs couchettes, des os infects et de vieux linges souillés de fange, dont les miasmes fétides se répandent jusque dans la rue.

C'est là, cependant, c'est dans une pareille localité que s'élèvent une partie des enfants de la division de Chaillot. C'est dans un tel gîte, qui n'avait pas six pieds carrés, qu'il nous est arrivé de rencontrer une femme vieille, insouciante, et sourde aux cris de deux enfants confiés à sa garde; ils lui demandaient sans doute de l'air et de la nourriture, car les malheureux ne recevaient pas même en quantité suffisante l'air corrompu qu'ils respiraient, et l'un des deux est mort de faim !

C'est à la vue d'une telle image de misère que la nécessité de la Crèche s'est fait sentir !

La Crèche de Chaillot compte aujourd'hui 14 mois d'existence, et les résultats obtenus durant ce temps sont assurément de nature à satisfaire les premiers fondateurs de cette œuvre. Cependant, bien qu'elle soit l'aînée de ses sœurs de Saint-Philippe et de Saint-Louis d'Antin, on ne voit pas encore briller sur les joues de ses enfants les couleurs roses et fraîches qui attestent la santé chez ceux que reçoivent ces dernières.

Les soins à Chaillot sont-ils donc moins dévoués, moins assidus ou moins éclairés ? Non sans doute ; mais il n'était pas possible d'amener à une régénération complète cette première génération de la Crèche sortie malingre, souffreteuse et rachitique, des tanières du *Bouquet-des-Champs*. Ce hideux séjour de la malpropreté, où les mères apportaient chaque matin leur enfant en holocauste à la divinité du lieu, la misère qui les décimait, comme autrefois Athènes envoyait en tribut chaque année ses enfants dans le labyrinthe de Crète.

Jusqu'au mois de juillet 1845, la salle servant de Crèche, située au rez-de-chaussée, présentait des conditions hygiéniques peu favorables. Organisée avec précipitation, pour répondre aux désirs empressés des mères qui apportaient leurs enfants avant même qu'on pût les recevoir, cette salle ne devait être que provisoire. Grâce à la sollicitude des médecins, à l'activité de M. Framboisier et au zèle charitable de Madame Curmer, un local bien plus favorable, mais, disons-le, insuffisant encore, a été disposé, comme par enchantement, mais non sans frais.

Placé sur le penchant de la colline de Chaillot, à près de 25 mètres au dessus du niveau de la Seine, le pavillon spécialement consacré au service de la Crèche est situé entre cour et jardin. Dans celui-ci, une vaste tente est dressée pour recevoir les enfants dans la belle saison, et dans la cour se trouve un hangar où les berceuses viennent déposer le linge mouillé, et tout ce qui, par son séjour dans la salle, pourrait nuire à la salubrité.

Ce pavillon, placé d'une manière si heureuse, laisse cependant beaucoup à désirer sous le rapport de sa disposition intérieure. Le rez-de-chaussée, composé d'une cuisine et d'une salle où se trouvent deux berceaux et un lit de camp, ainsi que le parc destiné aux enfants de dix-huit mois à deux ans, est plus bas que le sol du jardin et près d'un puisard qui reçoit les eaux pluviales.

Le premier étage comprend la chambre de la berceuse principale, une petite lingerie, et la salle qui contient dix berceaux. Tenue du reste avec une propreté extrême par les berceuses, qui ont su comprendre que dans la Crèche la propreté est plus qu'un luxe, plus qu'un besoin, elle est un devoir, cette salle, quoique plus saine que le rez-de-chaussée et plus convenable que l'ancienne Crèche, est encore beaucoup trop petite.

Les berceaux sont en fer. Préférables à ceux en bois sous le rapport de la solidité, de la propreté et du ménagement de l'espace, ils ont aussi l'avantage d'être moins favorables à l'existence et à la propagation des insectes. Portés sur une tige scellée dans le plancher d'une part, et de l'autre fixés dans le mur, ils sont disposés de manière à pouvoir par une seule impulsion être mis en balancement pendant un certain temps, de sorte que la berceuse n'a pas besoin de rester auprès de l'enfant habitué à être bercé par sa mère. Une tringle s'avance au dessus de la tête du berceau, et porte les rideaux, si utiles ici pour modérer l'impression d'une lumière trop vive sur les yeux du nouveau-né et favoriser le repos en maintenant le sommeil.

Un poêle est placé près de la porte d'entrée, de telle sorte que l'air froid venant du dehors se réchauffe avant de se répandre dans la salle, et que la chaleur se répartit plus également; on tempère par le sable et par l'eau en évaporation ce que sa proximité de quelques lits pourrait avoir de nuisible.

Plusieurs chaises, un bureau et des cuvettes, avec des éponges en nombre égal à celui des enfants, complètent le mobilier de la Crèche.

Les berceuses, choisies parmi les mères de famille de la localité, ont une expérience à laquelle viennent encore en aide chaque jour les conseils des médecins, tandis que leur zèle est constamment entretenu par la vigilance des dames inspectrices, dont l'incessante sollicitude est attestée d'une manière si éloquente par le chiffre des visites qu'elles ont faites à la Crèche depuis le jour de son installation : ce chiffre, qui n'est pas moins de 1,350, fait une moyenne de 4 visites par jour, auxquelles il faut ajouter la visite du secrétaire de l'œuvre, M. Framboisier ; celle de M. le marquis de Croizier, qui a bien voulu consacrer ses jours, voués à la retraite, à une inspection toute spéciale des différents services de la Crèche, et enfin celle du médecin.

L'Enfant du riche est-il l'objet d'une aussi active surveillance ?

L'année 1845, remarquable par la prolongation extrême de l'hiver ; les brusques variations de température de son printemps, pendant lequel une chaleur humide alternait tout à coup avec un froid sec ; un été presque toujours froid et pluvieux; une pareille année devait engendrer un grand nombre de maladies, développer les affections éruptives, telles que des rougeoles, des scarlatines, dont la nature a souvent été très maligne, et qui ont décimé les enfants de Chaillot.

Ces deux affections, la rougeole surtout, ont été assez nombreuses pour que la Crèche, qui prit naissance le 14 novembre 1844, dans ces circonstances fâcheuses, n'ait pu en être exempte ; aussi avons-nous eu soin d'apporter une attentive surveillance sur chacun des enfants, pour, au moindre symptôme précurseur qui pouvait se développer, prescrire aux parents de conserver chez eux l'enfant malade. Nous avons ainsi prévenu la contagion de ces afections, et, en appliquant un traitement prompt et méthodique, nous nous sommes opposés autant que possible au développement des complications qui viennent si souvent se joindre à ces maladies, et leur donner une terminaison funeste.

Nous avons eu, en été surtout, à combattre les ophthalmies chez les enfants nouveau-nés ; traités dans la Crèche même, ils y ont trouvé des soins assidus, sans lesquels ils eussent pu succomber ou perdre la vue. Le dénûment et l'inexpérience des parents, les mauvaises conditions de leurs habitations, nous ont forcés, dans ces circonstances, à enfreindre la règle établie par nous, qui prescrit de ne recevoir à la Crèche aucun enfant malade. Toutefois nous ne nous y sommes décidés que lorsque l'affection n'était pas dangereuse ni surtout de nature à nuire aux autres enfants et que le transport du malade fait avec précaution ne pouvait augmenter le mal. Autrement, nous le redirons, dans une maladie grave la mère seule aura cet instinct de cœur si puissant qui la rend capable d'oublier le sommeil pendant plusieurs nuits, pour guetter l'heure fixe à laquelle un médicament devra être administré. Elle ne saurait s'en rapporter à une étrangère, et dans un cas de malheur sa douleur injuste lui en attribuerait la cause. Plus son enfant d'ailleurs lui aura coûté de soins et de larmes, plus il lui sera cher, si elle le sauve, et, s'il succombe, c'est sur le sein ou contre la joue de sa mère qu'il doit mourir (1).

Sur la fin de l'automne 1845, remarquable aussi par ses intempéries, nous avons eu à observer plusieurs varicelles auxquelles les mères et les berceuses, guidées par nos conseils, ont apporté les soins appropriés.

Dans cette même saison la coqueluche a sévi à la fois sur tous les enfants de la Crèche, à l'exception d'un seul ; et, chose

(1) L'administration des hospices, au lieu de restreindre à certains cas déterminés de maladie l'admission dans des hôpitaux spéciaux des enfants à la mamelle, réserve dans chacun de ses établissements quelques lits destinés aux mères nourrices et à leurs enfants malades ; mais elle ne reçoit pas l'enfant sans la mère. Ne pourrait-elle pas laisser la mère à son ménage quand son enfant est sevré ?

digne de remarque, elle a été très bénigne, n'a eu qu'une durée de six semaines, et n'a pas reparu depuis.

Les vaccinations ont été faites en temps utile, aucune variole ne s'est déclarée.

Nous avons combattu avec succès les divers accidents qui accompagnent la dentition, ainsi que la présence des vers intestinaux, et quelques entérites plus ou moins graves.

Un enfant né avec une occlusion de l'ouverture anale a été opéré par l'un de nous et s'est toujours bien porté depuis.

Un autre est en voie de guérison d'une ulcération gengivale avec carie de l'os maxillaire.

La mort, qui moissonne journellement tant d'enfants à Chaillot, s'est montrée plus cruelle encore cette année et n'a pas oublié les enfants de la Crèche ; mais cependant, hâtons-nous de le dire, elle semble les avoir épargnés, et, tandis que dans le quartier des Champs-Elysées le chiffre de mortalité a été de 1 sur 5, il n'est à la Crèche que de 1 sur 7. Ce résultat, suffisant déjà pour faire apprécier le bienfait de l'œuvre, promet bien davantage pour l'avenir, si l'on considère que, sur **12** enfants que nos soins n'ont pu arracher à la mort, plus de la moitié étaient des victimes que le dépérissement et la misère lui avaient déjà assurées avant l'ouverture de la Crèche, et qu'on aurait pu sauver s'ils y étaient entrés plus tôt.

Une petite fille entre autres nous fut amenée revenant de nourrice dans un état complet d'éthisie ; ses yeux caves, sa peau terreuse littéralement collée sur les os, et son ventre énormément distendu par des gaz, donnaient au corps de cette malheureuse enfant l'aspect d'un cadavre, qui inspirait autant de dégoût que de pitié. Ce fut dans la Crèche un cri unanime d'indignation contre la misérable nourrice ; mais l'autorité administrative témoin de pareils faits ne mérite-t-elle pas aussi sa part de reproches ? Depuis l'octogénaire jusqu'à l'enfant de deux ans que reçoit l'Asile, sa protection s'étend sur tous les âges ; mais l'enfant à sa naissance, l'enfant en nourrice, semblent à peine fixer son attention. Et cependant qui ne connaît les coupables abus qui se passent dans cette industrie de meneurs et de meneuses, de nourrices à 16 centimes par jour (1)? qui ne sait en outre que des soins que reçoit l'enfant à cet âge dépend sa constitution à venir?

Nos administrateurs philanthropes d'aujourd'hui paraissent moins avancés sous ce rapport qu'on ne l'était il y a plus d'un siècle. Nous avons sous les yeux une déclaration de Louis XIV, datée de janvier 1715, portant règlement sur les nourrices. Ce roi superbe, dont le regard s'abaissait rarement sur le peuple, s'exprime ainsi :

« Louis XIV, par la grâce de Dieu, etc.

» Le bien de l'état étant toujours inté-
» ressé à la conservation et à l'éducation
» des enfants, nous n'avons pas cru qu'il
» fût indigne de notre attention de pourvoir

(1) *Mémoire sur l'allaitement*, par le Dr Reis.

» nous-même à une partie si importante
» de la police.

. . . .

» Faisons défenses aux nourrices d'avoir
» en même temps deux nourrissons, à peine
» du fouet contre la nourrice et de 50
» livres d'amende contre le mari, et d'être
» privés du salaire qui leur sera dû pour
» l'un et l'autre enfant.

» Faisons défenses sous peine de puni-
» tion corporelle à toutes nourrices qui se
» trouveront grosses de prendre des en-
» fants pour les nourrir, et à peine de 50
» livres d'amende contre les maris.

» Enjoignons aux nourrices d'avoir soin
» des enfants qu'elles allaiteront ; et, en cas
» qu'il se trouvât qu'ils eussent péri par
» leur faute, voulons qu'elles soient punies
» suivant la rigueur de nos ordonnances.

» Afin d'obvier à l'abus, pratiqué par
» quelques nourrices, de mettre coucher
» leurs nourrissons dans leur lit, dont plu-
» sieurs se sont trouvés étouffés ou estro-
» piés, leur enjoignons d'avoir chez elles

» un berceau pour y mettre coucher l'en-
» fant, et d'en faire apparoir à leur curé ;
» défendons auxdites nourrices de mettre
» dorénavant leurs nourrissons coucher à
» côté d'elles dans leur lit, ou de mettre
» plusieurs nourrissons ou autres enfants
» dans le même berceau, à peine de 50
» livres d'amende, ou même de punition
» corporelle, s'il y échoit. »

Du succès de la Crèche de Chaillot dépendait le succès de l'œuvre ; aussi les fondateurs, animés d'un zèle que soutenait la perspective du bien qu'il y avait à faire et que les difficultés semblaient stimuler plutôt qu'affaiblir, ont-ils apporté dans la Crèche les soins les plus empressés et l'intérêt le plus vif pour détruire non seulement l'effet des conditions fâcheuses dans lesquelles l'enfant se trouvait pendant le jour, mais pour lutter aussi contre les conditions plus déplorables encore qu'il retrouve chaque nuit dans sa famille.

En effet, le soir, après sa journée, la

mère, exténuée par le travail, reprend son enfant, auquel elle présente un sein flétri, parce qu'elle-même n'a pu se nourrir suffisamment, et l'emporte dans un grenier souvent sans feu ou d'autres fois chauffé outre mesure par un poêle en fonte rougi par du coke. Dans ce grenier, où règne la malpropreté la plus dégoûtante, la famille entière, depuis l'aïeul jusqu'au plus jeune, et sans distinction d'âge ni de sexe, repose sur un même grabat composé de quelques planches recouvertes de paille et de couvertures en lambeaux; et tandis que l'air le plus impur exerce une funeste influence sur les poumons délicats de l'enfant, le petit malheureux est tourmenté, dévoré par des insectes de toute nature ennemis de son sommeil. Ainsi, lorsque dans le jour tout concourt à la Crèche au bien-être de l'enfant, il ne trouve la nuit que misère et souffrance. Ici, comme toujours, le bien est en lutte avec le mal; et l'avantage resterait à ce dernier, si la Crèche ne devait pas un jour avoir pour ré sultat certain l'amélioration du sort de la famille de l'ouvrier pauvre et laborieux, en recueillant l'enfant nourri par sa mère, et mettant celle-ci à même de contribuer par son travail à l'aisance du ménage.

La véritable manière de secourir le pauvre est de le mettre en état de se passer de secours.

Santé, bonheur, aisance et vertu, voilà ce que promet la Crèche.

Grâces soient donc rendues à M. Marbeau, qui le premier conçut l'idée d'une pareille œuvre, source de si grands biens !

Grâces soient rendues à M. Framboisier, qui s'y associa avec tant de dévoûment, et, dans une heureuse inspiration, lui donna ce nom qui a tant contribué à son succès !

Grâces aussi soient rendues aux dames directrices et inspectrices qui, animées par la religion du bien, y apportent chaque jour leurs soins et leur sollicitude maternelle !

Et nous, médecins premiers fondateurs, nous nous estimons heureux d'avoir participé à cette œuvre, qui, si modeste d'abord, étend au loin déjà ses bienfaits sur l'enfance, comme l'arbre venu d'une simple graine étend au loin ses rameaux et sert d'abri aux oiseaux du ciel.

Dr CANUET.

www.ingramcontent.com/pod-product-compliance
Lightning Source LLC
Chambersburg PA
CBHW060635050426
42451CB00012B/2610